Una línea de tiempo dental

Año 3000 a. C.

Primera evidencia conocida de un tratamiento odontológico, en el antiguo Egipto.

500-1600

Los sacamuelas y los cirujanos barberos remueven los dientes podridos; los médicos preparan analgésicos, y enjuagues bucales y pulen los dientes.

Año 500 a. C.

Los médicos griegos tratan la enfermedad de las encías y los dientes torcidos.

1728

La palabra dentista se usa, por primera vez, por el experto francés Pierre Fauchard.

Año 2700 a. C.

Los médicos chinos usan la acupuntura (tratamiento con agujas) para aliviar el dolor de muelas.

1600-1750

Los nuevos expertos se autodenominan "operadores dentales".

Año 100

Los romanos usan mezclas de hierbas y magia para tratar el dolor de muelas. Los rudos médicos del ejército extraían las piezas dañadas.

1816

Se inventa la amalgama para obturaciones. Ahora pueden salvarse muchos dientes.

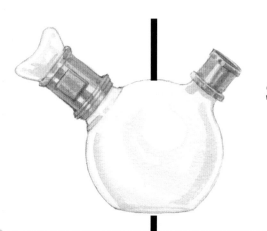

1846

Se introduce el primer anestésico dental.

1905

Por primera vez, se usan los rayos X para investigar los problemas dentales.

1840

Se inaugura la primera escuela para dentistas en Baltimore, Estados Unidos.

1980-hasta hoy

La tecnología trae nuevos tratamientos. Se hace popular la odontología cosmética.

1700-1850

Se elaboran dientes falsos con dientes de animales, huesos y marfil; los dientes de cadáveres se reutilizan.

1850-1950

Los problemas dentales aumentan a medida que la gente consume más azúcar.

Consejos para tener dientes sanos

¿Quieres que tu sonrisa se mantenga adorable? Entonces cuida tus dientes de la siguiente manera:

Come alimentos amigables con los dientes. La leche, el queso, el pescado, los granos, las frutas y vegetales, te ayudarán a mantenerlos saludables y a que crezcan fuertes.

No comas mucha azúcar ni bebidas dulces o gaseosas.

Enjuaga tu boca con un enjuague bucal, pero no inmediatamente después de haberte cepillado los dientes, porque eliminarás la acción de la crema dental.

Cepilla tus dientes hacia arriba y hacia abajo, de lado a lado, durante al menos dos minutos, dos veces al día. Un odontólogo o un higienista oral te mostrarán la mejor forma de hacerlo.

Usa cremas dentales con flúor y un cepillo de dientes limpio (manual o eléctrico). No te enjuagues después con agua. Cualquier resto de crema dental que quede en tus dientes irá matando las bacterias causantes de la caries.

Espera entre media hora y una hora después de comer o de beber, antes de cepillarte los dientes. Cepillarse demasiado pronto frota en tus dientes el ácido producido por las bacterias de la boca.

Cepilla siempre tus dientes antes de irte a dormir.

Usa seda dental o pequeños cepillos interdentales para limpiar los espacios entre los dientes y las encías.

Por último, pero no menos importante, visita al odontólogo para chequeos regulares. Pregúntale por el uso de aplicaciones de flúor para ayudarles a los dientes a permanecer fuertes.

Autor:

Fiona Macdonald estudió Historia en las
universidades de Cambridge y Anglia Oriental.
Ha impartido clases para adultos en escuelas y
universidades, y es autora de numerosos libros para
niños sobre temas históricos.

Ilustrador:

David Antram nació en Brighton, Inglaterra, en
1958. Estudió en la Escuela de Artes de Eastbourne
y luego trabajó en publicidad, antes de convertirse en
artista de tiempo completo. Ha ilustrado muchos libros
de no ficción para niños.

Creador de la serie:

David Salariya nació en Dundee, Escocia. Ha
ilustrado una amplia gama de libros y ha creado y
diseñado muchas nuevas series para editores en el Reino
Unido y en el extranjero. David fundó la Salariya Book
Company en 1989. Vive en Brighton con su esposa, la
ilustradora Shirley Willis, y su hijo, Jonathan.

Macdonald, Fiona, 1942-
    ¡No te gustaría vivir sin odontólogos! / Fiona Mcdonald ; ilustrador
David Antram ; traductora María Patricia Esguerra. --
Bogotá : Panamericana Editorial, 2016.
    40 páginas : ilustraciones ; 24 cm.
    Título original : You wouldn't want to live without dentists!
    ISBN 978-958-30-5124-1
    1. Odontología infantil 2. Odontología - Historia 3. Dientes - Cuidado
e higiene 4. Salud oral I. Antram, David, 1958-   , ilustrador II. Esguerra,
María Patricia, traductora III. Tít.
617.6 cd 21 ed.
A1517615

    CEP-Banco de la República-Biblioteca Luis Ángel Arango

Título original
You Wouldn't Want to Live Without Dentists!

Primera edición en Panamericana Editorial Ltda.,
marzo de 2016
© 2015 The Salariya Book Company Ltd.
© 2015 Panamericana Editorial Ltda.
Calle 12 No. 34-30, Tel.: (571) 3649000
Fax: (571) 2373805
Bogotá D.C., Colombia

Editor
Panamericana Editorial Ltda.
Edición
Luisa Noguera A
Traducción
María Patricia Esguerra
Diagramación
Magda Hernández

ISBN: 978-958-30-5124-1

Impreso por Panamericana Formas e Impresos S.A.
Calle 65 No. 95-28, Tels.: (571) 4302110-4300355
Fax: (571) 2763008
Bogotá D.C., Colombia
Quien solo actúa como impresor.
Impreso en Colombia – *Printed in Colombia*

¡No te gustaría vivir sin odontólogos!

Escrito por
Fiona Macdonald

Ilustrado por
David Antram

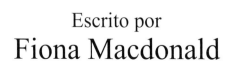

Creado y diseñado por
David Salariya

PANAMERICANA
EDITORIAL
Colombia • México • Perú

Contenido

Introducción

Hubo un tiempo, no hace mucho, en el que no había odontólogos; la gente tenía terribles dolores de muelas y sus dientes se volvían negros, se aflojaban, se pudrían y se caían. Era repugnante, ¡y leerás todo en este libro! Hoy, no tenemos que sufrir semejantes dolores ni preocuparnos si tenemos una sonrisa con los dientes separados. ¿Por qué? Porque tenemos odontólogos expertos para ayudarnos. Ellos usan una tecnología asombrosa para reparar y reemplazar los dientes perdidos. Nos relajan con música y sonrisas amigables. Curan nuestro dolor, y son cariñosos y delicados. También nos enseñan cómo cuidar nuestros dientes para que se mantengan saludables y luzcan bien. Si somos inteligentes, vamos al odontólogo cada seis meses para que revisen nuestros dientes. ¡Realmente no querríamos vivir sin odontólogos!

¡Vamos, sonríe!

5

Dientes fabulosos

Sí, todos tenemos dientes, pero ¿por qué? Primero, y lo más importante, los necesitamos para comer. Son los mejores procesadores de alimentos del mundo. Como si fueran máquinas, cortan, muelen, trituran, aplastan, mastican y roen los alimentos que comemos. Luego los mezclan con la saliva para que se deslicen hacia nuestros estómagos. Sin los dientes, sería difícil comer, y muy difícil permanecer vivos. También los necesitamos para hablar. Les ayudan a nuestros labios y lengua a producir todos los sonidos. Solo mírate al espejo, di unas pocas palabras, ¡y observa esos dientes funcionando!

¿CUÁNTOS DIENTES TIENES?
Los bebés nacen sin dientes, luego aparecen en sus encías 20 dientes de leche (temporales). Estos se caen cuando los niños tienen entre 6 y 12 años de edad, y en su lugar crecen 32 dientes, ¡para durar toda la vida!

EN LOS ADULTOS crecen en cuatro diferentes formas y tamaños:

8 incisivos: planos, con bordes afilados para cortar y morder.

4 caninos: en forma de cono y puntiagudos, para punzar y agarrar.

8 premolares: con puntas redondeadas, precisos para masticar y triturar.

8 molares: grandes y aplanados se usan para moler.

4 terceros molares o "muelas del juicio": un juego extra de molares, en el fondo de la boca, que aparecen luego de todos los demás.

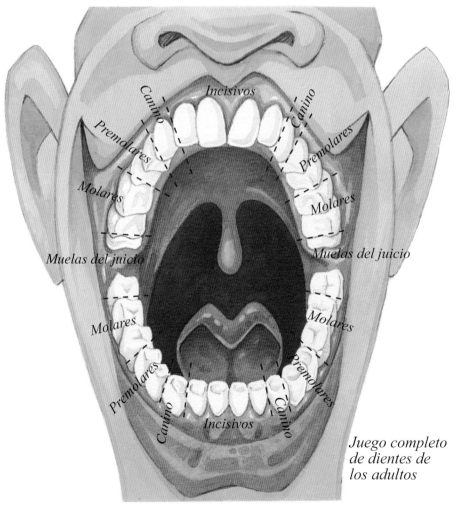

Juego completo de dientes de los adultos

MASTICAR HACE que nuestro sistema digestivo funcione. Cuando nuestros dientes trituran la comida, la saliva comienza a descomponerla para que nuestros cuerpos puedan usar los nutrientes que contiene. Nuestros estómagos e intestinos digieren la comida aún más. Entonces nuestra sangre lleva los nutrientes de los alimentos digeridos a cada parte de nuestro cuerpo, y por eso permanecemos fuertes y saludables.

Saliva

Estómago

Intestinos

Tipos de dientes

Los animales tienen diferentes tipos de dientes que les ayudan a procesar los alimentos que necesitan para vivir:

¡Tú puedes hacerlo!

Usa tus dientes para comunicarte ¡con una sonrisa deslumbrante! Sonreír es una señal de paz, felicidad y amistad alrededor de todo el mundo.

MORDISQUEAR. Los roedores tienen incisivos inmensos, para mordisquear y roer. Crecen todo el tiempo a medida que los alimentos duros van desgastándolos.

DESGARRAR. Los leones, los tigres y otros gatos tienen dientes **carnasiales** afilados y curvos, que cortan la carne igual que los cuchillos o las tijeras.

MORDER. Los perros y los lobos tienen dientes caninos grandes para agarrar y desgarrar a su presa. ¡Una vez que han mordido la presa, no la dejan ir!

MOLER. Los animales que comen plantas, como las vacas y los caballos, tienen molares enormes para aplastar y moler su comida.

¿Desdentado = desamparado?

Todos necesitamos nuestros dientes para comer, hablar y sonreír. ¿Pero qué pasa cuando se dañan o los perdemos? En el pasado era difícil reparar o reemplazar los dientes perdidos o desgastados. Las enfermedades, la desnutrición y la vejez hacen que los dientes se aflojen, se agrieten y se desmoronen, y muchos se pudren por no mantenerse limpios. Hace mucho tiempo, la vida con problemas dentales era dolorosa, difícil y probablemente maloliente. Tú estarías desdentado, y desamparado.

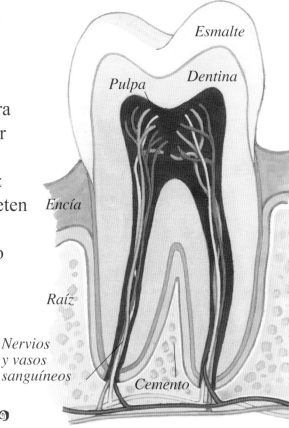

Diente saludable

Esmalte

Dentina

Pulpa

Encía

Raíz

Nervios y vasos sanguíneos

Cemento

El **esmalte** protege el interior del diente.

La **dentina** produce químicos que fortalecen el esmalte.

La **pulpa** contiene nervios y vasos sanguíneos.

El **cemento** mantiene las raíces en su lugar: el maxilar.

Problemas dentales del pasado

¡Ay!

HUECOS HORRIBLES. Las caries (huecos) hacen que las bacterias entren a los dientes infectando la pulpa, los nervios y los maxilares.

INFECCIONES ASQUEROSAS. Las bacterias que viven en los dientes hacen que la respiración huela repugnante.

PROBLEMAS CARDIACOS. La sangre llevaba las bacterias de los dientes al corazón, el cual se enfermaba.

MUECA ESPANTOSA. Los dientes negros, rotos y una sonrisa sin dientes no eran bien vistos por nadie, aun hace tiempo.

DAÑOS Y CARIES. Los dientes son duros, pero aún así pueden dañarse.

CARIES causadas por ácidos en los alimentos y las bebidas.

AGRIETAMIENTOS, resultado de lesiones o accidentes.

ASTILLAMIENTOS causados por traumas o por morder algo duro.

ESMALTE DELGADO, desgastado por alimentos arenosos.

MANCHAS Y SARRO (capa arenosa), crecen cuando los dientes no están limpios.

PUS Y SANGRE de las encías y dientes infectados por bacterias.

ABSCESOS, bolsas de pus en las encías.

El mejor consejo

¿Amante de la música? ¡Entonces también ama tus dientes! Si cantas o tocas un instrumento de viento de madera o de latón, los dientes dañados pueden estropear el sonido que produces.

¿POR QUÉ ES TAN FUERTE EL DOLOR DE MUELAS? Cuando los dientes se dañan, los nervios sensibles, profundamente dentro de los dientes, quedan expuestos. Entonces llevan mensajes sobre calor, frío y dolor directamente al cerebro.

MIRADAS PERDIDA. Sin dientes, los rostros cambiaban de forma. Tenían las mejillas huecas y las encías encogidas.

ENFERMEDAD. Los dientes rotos y sucios herían el interior de la boca y causaban úlceras repugnantes y abscesos.

FRACASO EN LA ALIMENTACIÓN. Sin dientes para masticar, la gente solo podía comer alimentos blandos, medio derretidos.

MUDOS. Era muy difícil hablar claramente sin dientes, ¡e igualmente difícil para los oyentes entenderlos!

Encuentra tu sapo

Si hubieras vivido hace miles de años y hubieras tenido problemas dentales, ¿quién te habría ayudado? En el antiguo Egipto, había doctores; en la antigua Grecia, podías ir a un templo y esperar ser curado en un sueño. Además, podías pedirle a un curandero tradicional que aliviara tu dolor con remedios arriesgados. Los curanderos de los pueblos del norte del África te pondrían un ratón muerto en tu boca. En Escocia, te pedirían que chuparas una oruga. En Asia te harías un enjuague bucal venenoso y los aztecas encontraban relajante morder un ají caliente.

Primeros tratamientos dentales

¡BRRR! ¡BRRR! Los antiguos egipcios perforaban agujeros en los maxilares para drenar el pus de los dientes podridos. Muy arriesgado, muy doloroso.

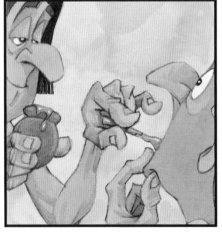

Para tratar los dolores dentales, los antiguos egipcios frotaban las encías con dulce miel de abejas, pegajosa, suave, calmante y ligeramente antiséptica, pero rara vez una cura.

ALFILERES Y AGUJAS. Los curanderos chinos clavaban agujas a sus pacientes para adormecer el dolor de los dientes enfermos. Esto se llama acupuntura. Pudo haber ayudado.

El mejor consejo

¿Te dolió un diente hoy?
Por favor, no intentes curas antiguas, o mágicas, o extraños remedios herbales. Un odontólogo moderno puede aliviar tu dolor rápidamente y con seguridad.

MÁGICA LUZ DE LUNA. El antiguo escritor romano Plinio el Viejo (23-79 d. C.) registró este raro remedio. Si tienes dolor en una muela, ve a un jardín a la medianoche cuando la Luna esté llena, busca un sapo, levántalo, abre su boca y escupe en ella. Luego pídele al sapo que se lleve el dolor.

¡TOSER! ¡FARFULLAR! Para aliviar los problemas dentales, los antiguos griegos inhalaban los vapores venenosos producidos por la quema de hojas. No sabemos cuántos murieron por el veneno.

¡CHISPORROTEA! Los doctores griegos usaban alambres calentados al rojo vivo para cortar las encías infectadas y los tejidos enfermos de la boca. ¡Aterrador!

¡CLUNK! ¡CRUNCH! Los médicos del ejército romano usaban grandes pinzas metálicas (alicates) para sacar los dientes podridos. ¡Rápido, pero horriblemente doloroso!

¿Herrero o cirujano barbero?

Viajemos en el tiempo a Europa, entre los años 1000 y 1600 d. C. Si vivieras en una ciudad, podrías consultar a un doctor. Él te daría consejos sobre higiene oral, y trataría de rellenar las cavidades. Examinaría tu lengua, y pondría cataplasmas (hierbas calientes) en las encías infectadas. Te ofrecería medicinas que harían caer los dientes podridos sin dolor. Pero ten cuidado, son mezclas de lagartos aplastados con escarabajos. ¿Vives en el campo? Entonces irás donde el herrero, o esperarás que un sacamuelas viajero visite la feria de tu pueblo. ¡Él atará una cuerda alrededor de tu diente podrido, y tirará muy fuertemente!

¡No se preocupe, lo tengo!

Aaagh

HOMBRES DE HIERRO. Los herreros tienen alicates diseñados para sostener las herraduras calientes al rojo vivo. Estos pueden ser útiles para sacar dientes. ¿Estás listo?

FE SANADORA. Santa Apolonia, una líder cristiana del norte de África, fue martirizada (asesinada por su fe) en el año 249 d. C. Antes de morir, sus enemigos le sacaron todos los dientes. Los cristianos creyeron que Apolonia podría curar los dolores dentales.

¿EN TU CAMINO A LA CIUDAD? Si eres hombre, visita a tu barbero-cirujano. Él te cortará el pelo, te arreglará la barba, rasurará tus bigotes, encajará tus huesos rotos, amputará cualquier extremidad dañada, y te sacará los dientes. Puedes encontrar allí a un amigo, una barbería es un gran lugar para chismorrear.

El mejor consejo

¿Tienes que deshacerte de un diente podrido pero te da miedo? ¡Ponle atención al tambor del sacamuelas! Su ritmo alejará todos los pensamientos y sentimientos de tu mente, y ahogará tus gritos de dolor.

¿Qué puedo hacer por usted, señor? ¿Sacarle un diente, afeitarlo, cortarle el pelo?

13

Pregúntale a un experto

Es el año 1750, y ¿oíste las últimas? ¡Hay nuevos expertos en el pueblo! Se hacen llamar "operadores dentales" o, algunas veces, "dentistas". Sacan los dientes podridos, y también intentan toda suerte de tratamientos nuevos para mantener saludables los dientes. Pasan años estudiando Medicina, aprendiendo sobre los dientes y la sangre y cómo funcionan nuestros cuerpos. Escriben libros. Son muy inteligentes. Sin duda te sentirás seguro en sus manos. Pero, ¡hay un problema! También cobran tarifas muy altas.

PELÍCANOS

El cabezal causa lesiones

Se agarra el diente entre el cabezal y la garra; y se presiona el otro extremo para sacarlo.

La garra se engancha en el diente

Cabezal

Garra

LLAVE DENTAL

Se gira el asa como una llave para sacar el diente del maxilar.

La garra se aprieta alrededor del diente.

Nuevo nombre, nuevo conocimiento

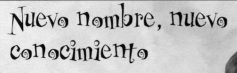

En 1728, el científico francés Pierre Fauchard publicó un nuevo libro, muy útil sobre los dientes. Lo llamó *Le Chirurgien Dentiste*. Esta fue la primera vez que apareció la palabra "dentista". Provino de la palabra francesa dent (diente) y hoy todavía se usa junto a dental (relacionado con diente) y odontología (la ciencia del tratamiento de los dientes).

PARA SACAR LOS DIENTES, los dentistas y operadores usan un nuevo implemento especial llamado la llave dental. Dicen que es más segura que el pelícano pasado de moda, utilizado por los doctores durante más de 200 años, ¡pero con frecuencia fractura los maxilares.

¡Emergencia!

¿NECESITAS UN TRATAMIENTO DENTAL? ¿No encuentras un barbero-cirujano? ¿No te puedes dar el gusto de consultar a un dentista de moda? Entonces busca en la ciudad a un joyero o a un fabricante de pelucas; él será hábil con sus manos, y usará las herramientas de su ramo para atenderte. O podrías preguntarle a un boticario, ellos acostumbran ayudarles a los pacientes.

Alicates

Taladro

Fabricante de pelucas

Joyero

Boticario

Analgésico

El mejor consejo

¿Quieres ser un dentista del siglo XVIII? Inscríbete como aprendiz (trabajador en entrenamiento) cuando tengas 11 años de edad. Para cuando tengas 25, sabrás suficiente para entrar en el negocio por tu cuenta.

Dragones y rosas

Eso encontrarás en el primer libro inglés escrito sobre dientes. Obra de Charles Allen en 1685, *El operador dental* contiene información sobre muchos temas dentales, desde los problemas de la dentición en la infancia hasta el lujoso pulimiento dental hecho con ingredientes exóticos y caros: coral en polvo, sangre de dragón (realmente es un tipo de goma de árboles tropicales) y agua de rosas de dulce aroma.

A favor de los dientes postizos

Aquí hay más tecnología nueva. Los nuevos dentistas expertos dotan a sus pacientes de elegantes dientes postizos. Hace mucho tiempo, los egipcios, los griegos y los romanos hacían dientes de hueso o de madera y los ataban, con cuerdas o alambre de oro, a los muñones de los dientes sobrevivientes. En Centroamérica, los artesanos mayas elaboraban dientes de repuesto con conchas marinas. Pero estos dientes del siglo XVIII se tallaban en precioso marfil, eran recortados, pulidos y luego ajustados. O podrías intentar con los trasplantes dentales experimentales. Los dentistas toman dientes de perros, ovejas, o cadáveres, y los fijan en los maxilares. Los trasplantes lucen casi reales, pero los pacientes se arriesgan a contraer enfermedades muy desagradables.

Del hipopótamo al señor presidente: los dientes postizos de George Washington

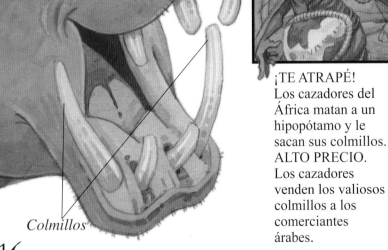

Colmillos

¡TE ATRAPÉ!
Los cazadores del África matan a un hipopótamo y le sacan sus colmillos. ALTO PRECIO. Los cazadores venden los valiosos colmillos a los comerciantes árabes.

¡ES UN TRATO! Venden los colmillos limpios, pulidos, ahora llamados marfil de hipopótamo, a los comerciantes europeos

DIENTES DE WATERLOO. Así se llaman los dientes humanos trasplantados, porque los dentistas tomaron dientes de los cadáveres después de la batalla de Waterloo en 1815.

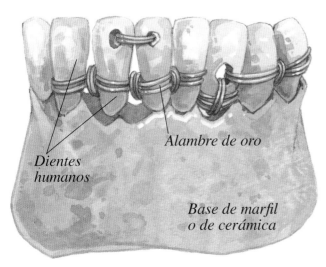

Dientes humanos

Alambre de oro

Base de marfil o de cerámica

GREENWOOD TALLA dientes parecidos a los humanos en el marfil y los fija en una base curva.

¡SONRÍA, POR FAVOR! El presidente de Estados Unidos George Washington (1732-1799) usa con orgullo sus dientes postizos.

A TRAVÉS DEL ATLÁNTICO. El marfil viaja en barcos veleros desde África hasta América.

EN ESTADOS UNIDOS, el dentista y experto en dientes postizos John Greenwood (1760-1819) compra el marfil.

Dientes tallados en marfil

Base de marfil

Pequeños tornillos de bronce

17

¿Cepillarse alejaría los problemas de los dientes?

Si en el pasado querías sentir los dientes frescos, ¿qué método de limpieza preferirías? ¿Tal vez masticar hierbas? (a los antiguos griegos les gustaba la menta fresca). ¿Tal vez frotar los dientes con tiza en polvo, al estilo romano, o fregarlos con sal? Podrías raspar las manchas con cáscaras de huevo trituradas, sorber un enjuague bucal de hierbas y vinagre o masajear tus dientes y encías con trapos empapados en vino.

¿No confías en esos viejos tratamientos? ¡Bien, la ayuda está a la mano! Desde 1780, se comenzaron a vender los cepillos de dientes en Gran Bretaña.

Isabel I (gobernó entre 1558 y 1603).

DIENTES DULCES. La reina Isabel I de Inglaterra comía dulces, para endulzar su aliento, pero por desgracia, los dientes se volvían negros y se desmoronaban. ¿Por qué? Ver páginas 24-25.

Cepillos de arbustos

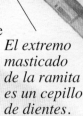

¿No puedes fabricarte un cepillo de dientes? Entonces mastica una rama de miswak. Estas son ramitas secas cortadas de arbustos que crecen en climas cálidos y se han usado en Asia y en Oriente Medio durante más de 1000 años. En Arabia, muchos musulmanes todavía las usan para limpiarse los dientes.

El extremo masticado de la ramita es un cepillo de dientes.

¡Quieto!

¡Tú puedes hacerlo!

Hoy, los expertos dicen que deberíamos cepillarnos los dientes durante al menos dos minutos, por lo menos dos veces al día, y siempre antes de acostarnos. Busca otros consejos en las primeras páginas de este libro.

ÓRDENES DE MAMÁ.
Cuando se inició el uso de la crema dental, primero en Estados Unidos y luego en Europa, los anuncios urgían a todos a cepillarse los dientes. ¡El Gobierno británico les dijo a las madres que si no cuidaban de los dientes de sus niños, serían unas fracasadas!

Línea de tiempo del cepillo de dientes

1780

NO SABEMOS cuándo se inventaron los cepillos de dientes, pero los chinos comenzaron a usarlos a principios del año 1000 d. C. Les tomó cientos de años llegar a Europa, pero después de esto:

1780, Reino Unido: cepillos hechos de hueso de res y pelos de cerdo.

1885, Estados Unidos: producción en masa de cepillos de dientes.

1938, Estados Unidos: se inventaron los cepillos de dientes de nailon.

1954, Suiza: primer cepillo de dientes eléctrico.

1938

1954

1960s, Estados Unidos: primer cepillo de dientes inalámbrico.

1992, Estados Unidos: el cepillo de dientes ultrasónico usa vibraciones para remover la placa.

¿Los rellenos fantásticos te salvarán los colmillos?

Hoy sabemos qué causa las cavidades (huecos) en los dientes, y podemos emprender acciones para prevenirlas. Pero, hasta 1750, la caries dental era un misterio y era casi imposible reparar los dientes podridos; los primeros rellenos –lascas de piedras, trozos de corcho, restos de metales– se caían o se desmoronaban.

Pero en 1816, el dentista francés Auguste Taveau inventó la amalgama (plata mezclada con mercurio), y fue suficientemente dura como para durar toda la vida. Aunque ligeramente tóxica, los rellenos de amalgama salvaron incontables dientes, y previnieron mucho dolor y sufrimiento.

¡Cuidado, bacterias trabajando!

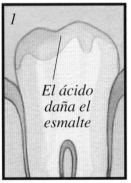

El ácido daña el esmalte

1. Alrededor de 1750, Pierre Fauchard encuentra que comer azúcar produce ácidos en la boca, que atacan el esmalte dental y forman cavidades.

2. Alrededor de 1890, el odontólogo norteamericano Willoughby Miller muestra que este ácido se forma a partir del azúcar en una capa pegajosa de bacterias, llamada placa, que crece sobre los dientes y las encías.

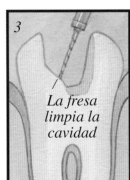

La fresa limpia la cavidad

3. Desde 1871, las fresas mecánicas limpian las cavidades. Las fresas eléctricas (año 1900) son más rápidas.

4. Desde 1816, los odontólogos rellenan las cavidades preparadas con amalgama. El oro (desde 1820) y la porcelana (desde 1871) son alternativas más seguras.

Placa

Se forma la cavidad

Relleno de amalgama

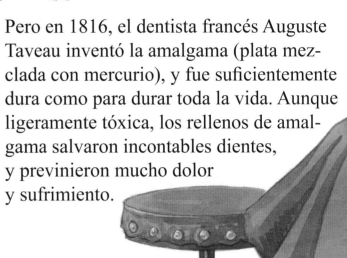

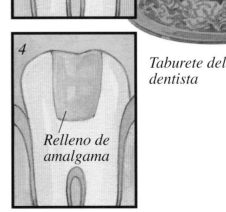

Taburete del dentista

En la silla del dentista, alrededor de 1880

20

¿Te unes a la nueva profesión?

magina que eres un joven brillante viviendo alrededor de 1900. Al comienzo, soñabas con ser un doctor. Pero ahora te preguntas: "¿Me atrevo a cambiar mis planes?". Bien, no estarías solo si lo hicieras. En Europa y en Estados Unidos, cientos de hombres y mujeres están estudiando ahora para ser odontólogos. Estos nuevos dentistas bien educados son bien pagados y respetados, y tienen asistentes entrenados para ayudarles. Trabajan en salas de cirugía construidas con ese propósito, usando equipos nuevos para diagnosticar problemas dentales y nuevas técnicas para reparar los dientes. Y, ¡gracias a Dios!, tienen formas menos dolorosas para realizar los tratamientos.

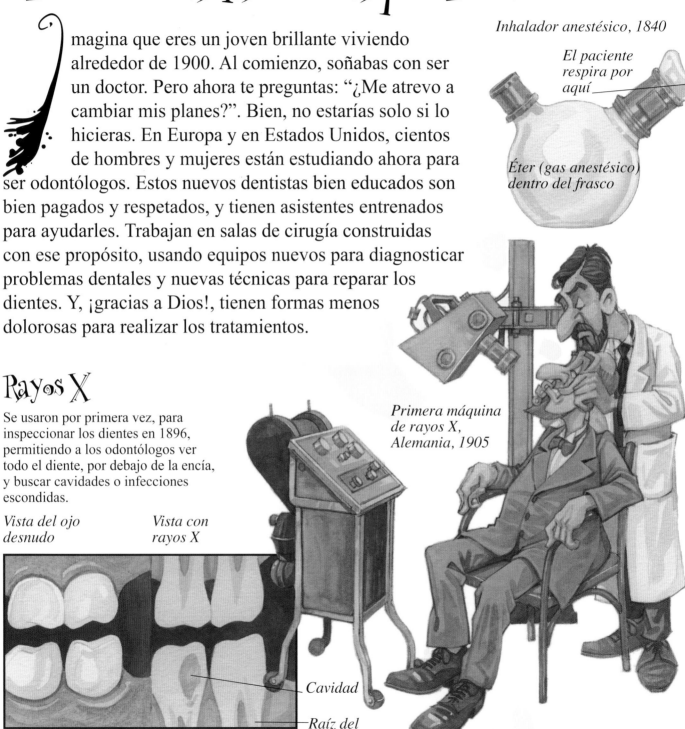

Inhalador anestésico, 1840

El paciente respira por aquí

Éter (gas anestésico) dentro del frasco

Primera máquina de rayos X, Alemania, 1905

Rayos X

Se usaron por primera vez, para inspeccionar los dientes en 1896, permitiendo a los odontólogos ver todo el diente, por debajo de la encía, y buscar cavidades o infecciones escondidas.

Vista del ojo desnudo

Vista con rayos X

Cavidad

Raíz del diente

LOS GASES ANESTÉSICOS (izquierda) dejaban inconscientes a los pacientes. Los usaron por primera vez los odontólogos norteamericanos en 1846. Las sillas reclinables (inventadas en 1832) hacían más fácil el trabajo del dentista y daban comodidad al paciente.

¡Duerme como un bebé! No va a sentir nada.

El mejor consejo

¡Saludo a los pioneros! La primera escuela de entrenamiento de dentistas se abrió en Baltimore, Estados Unidos, en 1840. La primera mujer calificada como dentista fue la norteamericana Lucy Hobbs, en 1866.

La aguja inyecta el anestésico

Nervio

LOS ANESTÉSICOS LOCALES fueron usados por odontólogos alrededor de 1880. Dormían un nervio, y eliminaban el dolor del área. El paciente permanecía despierto.

Gas anestésico

23

Prevenir es mejor que curar

A pesar de la nueva tecnología y de odontólogos mejor entrenados, a comienzos del siglo XX, en Europa y Estados Unidos, los dientes de muchas personas estaban peor que nunca. ¿Por qué? ¡Pobreza y azúcar! Las familias pobres no podían costear la crema dental ni los cepillos de dientes, y no podían pagarles a los odontólogos. El azúcar era barata, y los alimentos pegajosos se convirtieron en sus antojos favoritos. Las escuelas, los Gobiernos, los odontólogos y los fabricantes de dentífricos decían a la gente cómo cuidar de sus dientes. En la década de los años 1950, los norteamericanos pudieron comprar seguros dentales. Y en algunos países de Europa, se proveyeron exámenes gratuitos para todos.

Pan y frijoles, ¡qué festín!

ANTES de que llegaran los alimentos dulces y baratos, comerías cantidades de pan, frijoles, carne, queso y vegetales en una fiesta.

24

DULCE IGNORANCIA. La gente del común no sabía que las bacterias de la boca transformaban los alimentos dulces en ácidos.

¡AYY!

¡Tú puedes hacerlo!

El azúcar y el ácido en los jugos y en las bebidas gaseosas dañan tus dientes. Así que hazles a tus dientes y a tu salud un favor: no tomes más de una bebida dulce al día.

HISTORIA DEL FLÚOR. En 1901, el estudiante de odontología norteamericano Frederick McKay descubrió que en las granjas de Colorado Springs tenían los dientes extraduros. Hizo pruebas, y encontró que el agua local contenía un químico natural, el flúor, que hace más fuerte el esmalte. Hoy, muchos Gobiernos ordenan agregar el flúor al agua, y a las cremas dentales.

DESPUÉS de llegar el azúcar, te darías un banquete con pasteles, bizcochos, donas, emparedados de mermelada y bebidas dulces.

¡Vamos, sonríe, por favor!

Hoy, gracias a los odontólogos, nuestros dientes no se pudren, pero todavía se agrietan, separan, o desportillan. Pueden romperse después de un accidente, o mancharse por acción de alimentos y medicamentos. Los dientes sanos tambien pueden doler y hacer difícil comer. ¡Pero los odontólogos pueden ayudar! La odontología cosmética, el arte de hacer que los dientes luzcan bien, ha tenido una larga historia. En el pasado, las personas les daban forma a sus dientes o los adornaban con oro para alardear de la edad, del estatus y la valentía. Los antiguos griegos enderezaban los dientes con alambres; los odontólogos modernos fijan *brackets* para crear una sonrisa perfecta. Y algunos, decorarán tus dientes, si lo deseas.

Una boca llena de metal

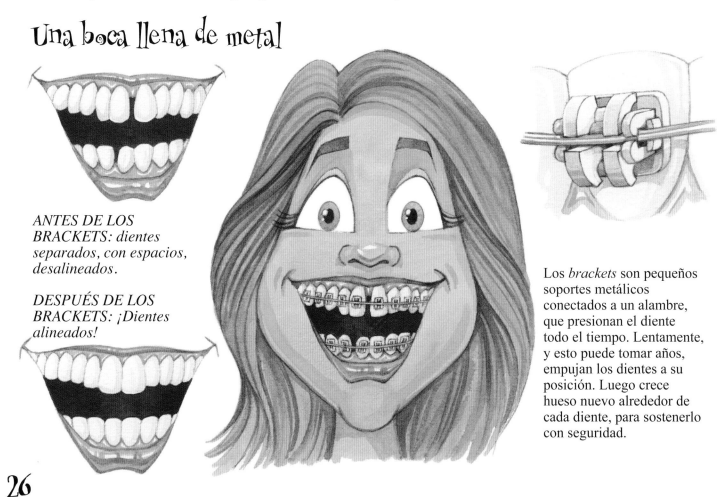

ANTES DE LOS BRACKETS: dientes separados, con espacios, desalineados.

DESPUÉS DE LOS BRACKETS: ¡Dientes alineados!

Los *brackets* son pequeños soportes metálicos conectados a un alambre, que presionan el diente todo el tiempo. Lentamente, y esto puede tomar años, empujan los dientes a su posición. Luego crece hueso nuevo alrededor de cada diente, para sostenerlo con seguridad.

¡Oooh, él es tan guapo!

El mejor consejo

¡El blanco no siempre es el indicado! Los dientes naturales crecen en tonos, formas y tamaños diferentes. Los dientes blancos y brillantes están de moda, pero los tratamientos caseros para blanqueamiento (inventados en 1989) pueden debilitar el esmalte dental. ¡Cuidado!

LAS ESTRELLAS DE CINE y los supermodelos tienen sonrisas deslumbrantes como parte de su imagen glamurosa. Con frecuencia, sus dientes "perfectos" han sido creados por la odontología cosmética.

Los gánsteres rusos de la vieja guardia usaban dientes postizos de oro, de forma que nadie podía robarse su tesoro.

SENTIDO DE PERTENENCIA. En el pasado, algunas personas en África y Asia limaban sus dientes en punta para mostrar que pertenecían a una tribu.

ORGULLO Y VALENTÍA. En Centroamérica, los mejores guerreros mayas decoraban sus dientes con discos de oro puro. Fijarlos tuvo que haber sido muy doloroso.

¡BLING! ¡BLING! ¿Dinero para derrochar? Entonces imita a las estrellas de rock y adorna tus dientes con joyas auténticas.

¿Los dientes del futuro?

¿No te sientes afortunado? Los tratamientos odontológicos son mejores y más seguros que nunca antes. Pero persiste un gran problema social:¿Cómo lograr la atención odontológica para todos, ricos o pobres? Muchos de nosotros conservamos nuestros dientes durante toda la vida. Pero pronto podríamos tener dientes genéticamente modificados que no se dañaran; reemplazo personalizado de dientes que crecen a partir de células madre, tratamientos con gas ozono para matar las bacterias de la boca y vacunas contra la caries dental. ¿Con el doloroso pasado, y este excitante futuro, realmente quieres vivir sin odontólogos?

LOS ESCANÓGRAFOS toman radiografías en 3-D de los dientes, de las raíces, las encías y los maxilares.

¡Y RELÁJATE! Una silla cómoda ayuda a los pacientes a mantener la calma.

Tratamientos de alta tecnología

CERRAR LA BRECHA. Los puentes (filas de dientes hechos a la medida y fijados a las encías) y los implantes (dientes incrustados), son más cómodos e higiénicos que los antiguos dientes postizos.

CORONANDO LA GLORIA. Las coronas son dientes nuevos hechos de porcelana, vidrio templado o metal. Se fijan sobre los muñones de los dientes rotos.

LOS LÁSERES (rayos de energía lumínica de alta potencia) cauterizan las encías enfermas.

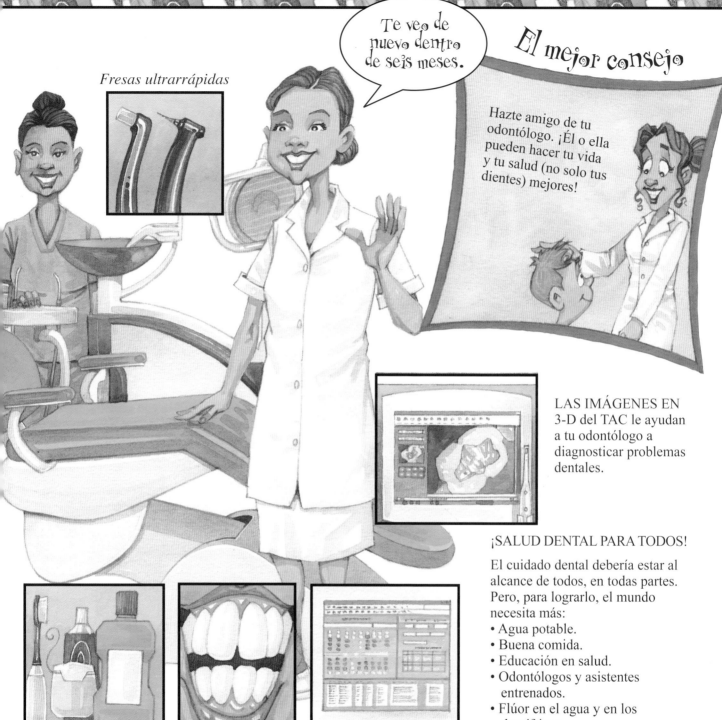

Fresas ultrarrápidas

Te veo de nuevo dentro de seis meses.

El mejor consejo

Hazte amigo de tu odontólogo. ¡Él o ella pueden hacer tu vida y tu salud (no solo tus dientes) mejores!

LAS IMÁGENES EN 3-D del TAC le ayudan a tu odontólogo a diagnosticar problemas dentales.

¡SALUD DENTAL PARA TODOS!

El cuidado dental debería estar al alcance de todos, en todas partes. Pero, para lograrlo, el mundo necesita más:

- Agua potable.
- Buena comida.
- Educación en salud.
- Odontólogos y asistentes entrenados.
- Flúor en el agua y en los dentífricos.
  Y menos:
- Tabaco (mancha los dientes y causa enfermedades orales).

¿Cómo podemos hacer que esto ocurra?

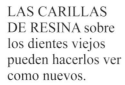

LA CREMA DENTAL, el cepillo de dientes, el enjuague bucal y la seda dental, mantienen saludables tus dientes.

LAS CARILLAS DE RESINA sobre los dientes viejos pueden hacerlos ver como nuevos.

LOS COMPUTADORES planean tratamientos, monitorean el progreso del paciente y guardan los registros.

Glosario

Acupuntura Tratamiento tradicional chino que usa agujas para aliviar el dolor.

Agua de rosas Esencia elaborada con pétalos de rosas.

Amalgama Mezcla de plata y mercurio usada para rellenar dientes.

Anestésico Medicamento que evita el dolor.

Antiséptico Capaz de matar bacterias y detener infecciones.

Bacterias Bichos o gérmenes; algunos de ellos causan enfermedades.

Barbero-cirujano Trabajador que sacaba los dientes y prodigaba cuidado médico simple.

Boticario Proveedor de medicinas.

Caninos Dientes cónicos terminados en punta para punzar y agarrar.

Carnasiales En animales carnívoros como los gatos, los leones y los tigres, dientes curvados para cortar carne.

Células madre Células que pueden crecer en diferentes partes del cuerpo.

Cemento Capa de células que fija las raíces de los dientes a las encías.

Colmillo Diente frontal extralargo en algunos animales.

Corona Diente hueco de reemplazo fijado sobre el muñón de un diente roto.

Dentina Capa interior de un diente; produce químicos que mantienen fuerte el esmalte dental.

Dentista experto Profesional que cuida los dientes y trata los problemas dentales.

Esmalte Capa exterior de un diente, dura, blanca, brillante.

Éter Gas usado como anestésico.

Genéticamente modificado Genes cambiados por los científicos. Los genes son químicos que les dicen a las células de las criaturas vivas cómo funcionar.

Herrero Trabajador del hierro.

Higienista Trabajador entrenado que limpia y cuida los dientes.

Implantes Dientes de reemplazo fijados dentro de las encías, de forma individual.

Incisivos Dientes aplanados que están al frente en la boca, para mordisquear.

Láser Haz de energía lumínica de alta potencia, enfocada.

Llave dental Gancho con forma de llave para extraer los dientes.

Marfil Sustancia blanca, dura, de los colmillos de los animales.

Miswak Arbusto cuyas ramitas se cortan para hacer cepillos de dientes simples.

Molares Dientes posteriores grandes, aplanados para moler.

Muelas del juicio Juego de muelas de repuesto en la parte de atrás de la boca.

Nervios Fibras que llevan señales al cerebro.

Odontología cosmética Tratamiento de los dientes para que luzcan bien.

Operadores Primeros expertos que estudiaron el cuidado de los dientes y suministraron dientes postizos.

Pelícano Gancho para sacar los dientes.

Placa Capa pegajosa de bacterias sobre los dientes y las encías.

Premolares Dientes con puntas redondeadas.

Puente Fila de dientes de repuesto fijados a las encías.

Pulpa Centro blando, esponjoso de un diente.

Resina Goma pegajosa que se endurece.

Sala de cirugía Sitio de trabajo de un odontólogo.

Saliva Líquido de las glándulas en la boca; ayuda a digerir los alimentos.

Sarro Capa dura, arenosa, de placa.

Seda dental Hilo o cinta plástica para la limpieza entre dientes y encías.

Vasos sanguíneos Venas, arterias y capilares que llevan sangre por todo el cuerpo.

Índice

Las mejores tradiciones dentales

En el pasado, para la gente los dientes eran misteriosos y motivo de preocupación. Eran parte de un cuerpo viviente, pero se caían y no se descomponían. No sorprende que alrededor de ellos crecieran muchas supersticiones y tradiciones:

- En la Inglaterra medieval, los padres temían que los niños tuvieran que buscar los dientes de leche perdidos si morían. Por eso los quemaban al caerse.

- Algunas personas dicen todavía que un espacio entre los dientes del frente es un signo de vida larga… o de riqueza… o de una naturaleza amorosa…

- Los vikingos pagaban buen dinero por los dientes de leche, porque creían que estos les traerían la victoria en las batallas.

- Los cazadores de todo el mundo usaban adornos hechos de dientes de osos, lobos y tiburones. Esperaban que esto les diera un poco del poder de los animales.

- En Europa y en Estados Unidos, se decía que llevar dientes de caballo en tus bolsillos te protegía contra el dolor de muelas. Algunas personas proclamaban que los dientes humanos eran todavía mejores.

- Los niños alemanes creían que una rata les robaba los dientes a los niños. A diferencia del hada de los dientes, la rata no les dejaba nada a cambio.

- Los mitos de muchos países cuentan sobre los vampiros chupadores de sangre con dientes similares a los colmillos de los animales.

- A veces se dice que a los ancianos les "crecen los dientes". En realidad, los dientes no crecen con la edad, pero algunas veces lucen más largos porque las encías se retraen.

Dientes bestiales

- Los dientes del frente de las ratas y los conejos (incisivos) nunca dejan de crecer. Tienen que desgastarlos comiendo, porque de otro modo se clavarían en las encías de arriba y abajo.

- Los tiburones pueden tener hasta 3000 dientes en su vida; los dientes que se caen son reeemplazados por unos nuevos.

- Los perros, los gatos y muchos otros animales de caza muestran sus dientes en un gruñido, como señal de advertencia de un ataque. Pero los chimpancés muestran los dientes como señal de miedo.

- Algunas serpientes tienen dientes huecos que inyectan veneno cuando muerden.

- Las jirafas tienen dientes frontales únicamente en su maxilar inferior.

- Los colmillos de los elefantes son de dimensiones enormes, y los usan para desenterrar alimentos y para pelear. Los dientes posteriores de los elefantes también son enormes: cada uno puede medir 30 cm de ancho y pesar más de 2,5 kg.

- A los cocodrilos les crecen durante toda su vida dientes nuevos, más grandes, y más

de 3000 de ellos para cada animal. Los dientes viejos se caen.

- El narval, una especie de ballena, tiene un único diente asomándose fuera de su boca. Este puede crecer hasta los 3 m de longitud. Lo más probable es que lo use para detectar a su presa.

- ¿Alguna vez has oído el refrán "más raro que dientes de gallina"? Sí, es cierto: ¡las gallinas y otras aves no tienen ningún diente!

¿Sabías que...?

- Las bocas humanas tienen casi 250 000 tipos diferentes de bacterias. El aseo regular de los dientes las mantendrá bajo control.

- El esmalte dental es la parte más dura del cuerpo humano. Es todavía más fuerte que el hueso.

- Los dientes pueden durar más que cualquier otra parte del cuerpo humano. Algunos han durado miles de años.

- Los dientes de todos son diferentes, igual que las huellas digitales. Desde 1878, los dientes se han usado por los doctores y los investigadores policiales, para identificar cadáveres después de accidentes y en escenas del crimen.

- Los dientes comienzan a formarse en nuestras bocas mucho antes de que nazcamos. Esa es una de las razones por las que es importante para las mujeres embarazadas comer saludablemente.

- Nuestros dientes son más grandes de lo que pensamos. Dos tercios de cada diente (la raíz) están escondidos dentro de las encías. Solo vemos el otro tercio.

- Hoy, en Estados Unidos, la caries dental es el segundo problema de salud en propagación, después del resfriado común.

- En China, el 20 de septiembre es el Día del Amor por tus Dientes. Este día, se le recuerda a todos cuidar de sus dientes adecuadamente.